...lICATION DE LA LIGUE NATIONALE
CONTRE L'ATHÉISME

CONFÉRENCE

FAITE

le mardi 27 mars 1888

PAR

M. FRÉDÉRIC PASSY

DÉPUTÉ

Membre de l'Institut

SUR

L'IDÉE DE DIEU ET LA LIBERTÉ

Première édition

PARIS

SIÈGE SOCIAL : 25, RUE RICHELIEU. 25

1888

EN VENTE
AU PROFIT DE LA LIGUE

L'Idée de Dieu dans l'Histoire de l'Humanité, conférence de M. Ad. Franck, de l'Institut. 0 fr. 25

L'Anarchie et l'Athéisme, dans la Question Sociale, conférence par M. Georges Berry, conseiller municipal . . . . 0 fr. 25

Nota. — Les publications sont gratuites pour tous les membres de la Ligue.

Imp. de la Soc. de Typ. - Noizette, 8, r. Campagne-1re, Paris

Fin d'une série de documents
en couleur

PUBLICATION DE LA LIGUE NATIONALE
CONTRE L'ATHÉISME

CONFÉRENCE

FAITE

le mardi 27 mars 1888

PAR

M. FRÉDÉRIC PASSY

DÉPUTÉ

Membre de l'Institut

sur

L'IDÉE DE DIEU ET LA LIBERTÉ

Première édition

PARIS

SIÈGE SOCIAL : 25, RUE RICHELIEU, 25

1888

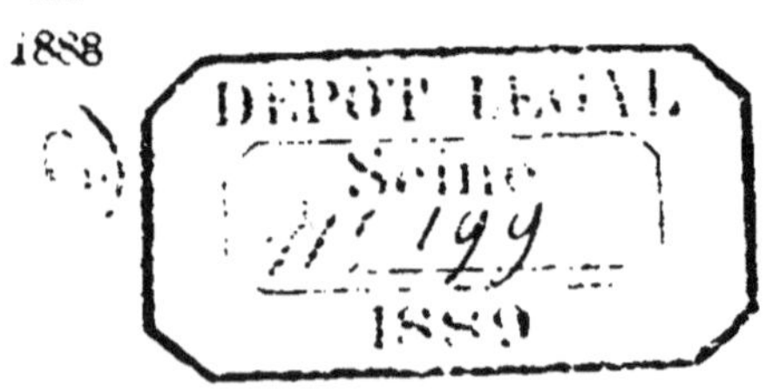

EXTRAIT DES STATUTS

Art. 5. — Les fonds recueillis sont consacrés :

1° A propager les idées de la Ligue ;

2° A la fondation d'une revue, de conférences, de lectures publiques et de cours gratuits, ainsi qu'à la distribution de brochures et de petits traités ; à récompenser et à publier les ouvrages moraux et instructifs, dans l'esprit de la Ligue.

Art. 6. — La Ligue se compose de membres adhérents, de membres actifs, de membres donateurs, de membres bienfaiteurs, de membres bienfaiteurs perpétuels.

1° Pour être adhérent, il suffit de se faire inscrire sur la liste des membres de la Ligue et de verser une souscription de cinquante centimes et au-dessus ;

2° On est membre actif moyennant une cotisation annuelle de cinq francs et au-dessus ;

3° On est membre donateur moyennant un versement personnel de cinquante francs et au-dessus, ou une cotisation annuelle de dix francs ;

4° Les membres bienfaiteurs sont ceux qui versent dans la caisse sociale une somme de *cent francs* et au-dessus à leur entrée dans la Société, ou versent annuellement une cotisation de vingt francs ;

5° Les membres bienfaiteurs perpétuels sont ceux qui font un don de *mille francs* et au-dessus.

CONFÉRENCE

Faite le 27 Mars 1888

PAR

Par M. FRÉDÉRIC PASSY. député

MEMBRE DE L'INSTITUT

SUR

L'IDÉE DE DIEU ET LA LIBERTÉ

———

Mesdames,
Messieurs,

M. Jules Simon, que l'on avait espéré avoir ici ce soir, ne peut pas venir, et M. Adolphe Franck, qui devait le remplacer et que, par respect pour son âge et pour sa haute valeur, nous avons dû attendre quelques instants, n'est point encore arrivé : je vous demande de vouloir bien nous pardonner à la fois un retard qui n'est pas de notre fait, et des absences que nous regrettons autant et plus que personne.

Je fais, quant à moi, ce que je peux faire, et je viens acquitter envers la *Ligue contre l'athéisme* une dette déjà bien ancienne, que j'aurais voulu acquitter plus tôt.

J'aborderai immédiatement mon sujet tel qu'il a été indiqué : l'idée de Dieu et la liberté.

A mon avis et en réservant, bien entendu, au nom de la liberté même, à ceux que je vais contredire, le droit d'être d'un autre avis, — ces deux idées se tiennent étroitement et se supposent l'une l'autre. L'idée de Dieu est à mes yeux un des fondements nécessaires. — au moins dans la très grande majorité des cas, — de toutes les libertés ; de notre liberté individuelle et de notre liberté publique, de la liberté civile et de la liberté politique, et aussi, — peut-être même plus particulièrement, — de la liberté au nom de laquelle on doit avoir le droit de contester cette idée, et au nom de laquelle on la conteste souvent beaucoup trop, de la liberté de pensée.

On fait dans notre pays un étrange abus des mots. Ce n'est pas, d'ailleurs, chose nouvelle, car il y a beau temps que Montaigne, dans ses *Essais*, a dénoncé ce qu'il appelle « la piperie des mots ». On a opposé à mainte époque, la liberté de pensée à certaines exagérations, à certaines exigences despotiques de la croyance et de la foi. On s'est révolté au nom de cette liberté contre ceux qui disaient: « Tu croiras ! Tu croiras ceci ou cela ! » Cette révolte, je n'hésite pas à dire que, quant à moi, je la trouve absolument légitime : je m'y associe de toutes mes forces ; je reconnais, — tout en le déplorant quelquefois dans ses conséquences, — le droit pour chacun de douter et de nier : c'est là un exercice légitime de l'indépendance de l'esprit. Mais on ne s'est pas toujours borné à réclamer, au nom de la liberté de pensée, le droit de ne point croire et de ne point laisser plier sa conscience sous le joug des opinions et des convictions d'autrui : on en est venu quelquefois. souvent même. à ériger le droit de ne point croire en obligation de nier, et à transformer la révolte contre le « Tu croiras ! » en un « Tu ne croiras pas ! », non moins impératif, qui devient à son tour un véritable article de foi : c'est un Syllabus négatif, qui ne vaut assurément pas mieux — je ne veux pas exagérer les termes. — que le pire des Syllabus positifs.

Oui la négation imposée, l'incrédulité imposée est assurément aussi mauvaise que la foi imposée, que la croyance imposée. Montalembert disait un jour : « Le bâillon dans la bouche d'un autre me blesse autant et m'humilie plus que le bâillon dans ma propre bouche. » J'applique ces paroles à toute obligation imposée à un autre de croire ou de ne pas croire ce que je crois ou ce que je ne crois pas : cette obligation blesse autant un homme qui a le véritable sentiment de la liberté, que le joug que l'on prétend mettre sur sa propre tête, que le voile que l'on prétend jeter sur ses propres convictions et sur sa propre conscience.

Déclarant en conséquence que je reconnais à chacun le droit de nier et de douter, je demande à exercer à mon tour, au nom de cette même liberté de pensée, le droit de croire ce qu'il me convient de croire et dans la limite dans laquelle il me convient de le croire.

Ce droit, je m'efforcerai de l'exercer avec une très grande liberté en même temps qu'avec une parfaite tolérance. Et pour me borner à ce qui peut être, à ce qui doit être le terrain commun des personnes qui viennent ici au nom de la *Ligue contre l'athéisme*, je pose seulement ces deux affirmations qui me paraissent fondamentales, et auxquelles je limiterai l'entretien de ce soir : Dieu et l'immortalité, la personnalité humaine et la personnalité divine, se soutenant et se complétant l'une l'autre.

C'est dire que je me place absolument en dehors de toutes les divisions confessionnelles et sectaires; que je ne viens point ici plaider la cause particulière d'une église ou d'une religion à l'encontre des autres : mais *faire de la religion* c'est-à-dire de la philosophie spiritualiste, du sentiment religieux dans le sens le plus large, dans un sens à la fois supérieur et commun à toutes les religions; et que je me place sur ce terrain neutre et fécond en même temps, sur lequel tous les hommes qui admettent quelque chose au-dessus de cette vie peuvent se rencontrer dans des aspirations et des espérances également consolantes et fermes, tout en étant peut-être appelés à se contredire et à se combattre sur bien des points particuliers de doctrine et de pratique.

Messieurs, je n'essaierai pas de faire devant vous une démonstration proprement dite de ce fait que je viens d'affirmer, de

ce point que j'ai posé comme fondamental :
l'existence de Dieu.

« Personne, dit-on quelquefois, — lorsqu'on veut contredire l'existence de Dieu,
— personne n'a jamais vu Dieu. » Et il
semble à certains que cela suffise pour con-
clure que Dieu n'existe pas.

« Personne, dit-on aussi, n'est jamais re-
venu d'au delà de la tombe, et, par conséquent, personne ne sait ce qui existe au
delà de la tombe. »

« Personne n'a jamais vu Dieu ! » En
vérité ! nous le savons bien, et ce ne sont
point les négateurs de l'existence de Dieu
qui ont eu le mérite de faire cette remarque. C'est un apôtre, saint Jean, si je ne
me trompe, qui, dans l'une de ses Épitres,
le dit textuellement. Et après ?

Je voudrais bien savoir quelle est la
force dont on a jamais vu le fond ! Personne n'a jamais vu et ne verra jamais le
fond de quoi que ce soit, — si ce n'est
peut-être à la consommation dernière de
toutes les évolutions par lesquelles pourra
passer la personnalité humaine.

Nous ne voyons que des effets, dont les
causes premières nous échappent. Nous
constatons des résultats de l'action de for-

ces diverses, matérielles, intellectuelles ou morales. Mais ces forces elles-mêmes nous échappent et jamais personne n'a pénétré jusqu'à l'essence d'aucune d'elles.

Nous voyons l'action de la chaleur, l'action de la lumière, l'action de l'électricité, l'action des vents, l'action de la marée; nous voyons tous les phénomènes physiques, chimiques et mécaniques de la nature; et nous commençons par les attribuer à des causes particulières et prochaines, par mettre derrière chacun de ces phénomènes, ou derrière chaque ordre de phénomènes, une puissance spéciale, une divinité inférieure ou une force propre qui le détermine. Puis à mesure que la science s'avance, que les lois du monde physique sont pénétrées par elle, ces forces particulières n'apparaissent plus elles-mêmes que comme des manifestations diverses d'une force supérieure et plus générale que l'on reconnaît sans pouvoir l'atteindre : et la cause qui semblait d'abord tout expliquer, recule devant des explications qui, en réalité, n'expliquent rien et ne font qu'étendre davantage le domaine des constatations. De même à mesure que l'homme s'occupe et se préoccupe de cette cause supérieure et première de la

1.

création, de cette source de la vie dont il ne peut pas connaître la véritable essence, mais dont il constate dans lui et autour de lui l'influence, de cet éternel invisible dont Lamartine a dit dans l'une de ses plus belles poésies :

Cherchant ce grand secret sans pouvoir le surprendre,
J'ai vu partout un Dieu sans jamais le comprendre....

il sent, — ainsi que cela a été dit, je crois, à cette même place par M. Franck, ou par M. J. Simon, — reculer devant lui cette cause universelle qu'il avait cru d'abord toucher de la main à chacun de ses pas, et qui se dérobe maintenant dans les profondeurs de l'infini, sans cesser pour cela, bien au contraire, de s'affirmer par ses manifestations incessantes.

Tout l'effort de l'étude de la nature et de l'étude de l'homme, tout le travail de notre amélioration matérielle et morale, tend toujours à nous rapprocher d'un but placé à l'infini, vers lequel nous marchons, mais que nous ne saurions avoir la prétention de toucher jamais.

Non, nous n'atteindrons jamais le but, pas plus celui de nos aspirations morales que celui de nos aspirations matérielles.

Nous pouvons faire reculer la misère, nous pouvons augmenter dans des proportions considérables la part de nos satisfactions ici-bas ; jamais nous ne réaliserons la félicité terrestre, jamais nous ne ferons disparaître la souffrance et la douleur, jamais nous n'apaiserons cette soif inextinguible de satisfactions qui nous tourmente : car il n'y a pas de limites à nos désirs, et derrière chaque besoin apaisé se découvre un autre besoin, qui exige à son tour de nouveaux efforts. (*Applaudissements*)

Il en est de même de cette force supérieure à toutes les autres forces, de cette cause de toutes les autres causes : oui, nous ne pouvons pas l'atteindre ; oui, nous ne pouvons pas la voir ; mais, comme le disait saint Paul, nous voyons ses effets, nous voyons son action, nous constatons dans le monde un ordre inaltérable, une harmonie suprême, et nous y trouvons une idée de justice, une idée de liberté, une idée de droit, qui ne peut pas venir uniquement de la matière ni des choses contingentes, — parce que la matière n'a pas de droits, parce que la matière ne recèle pas l'idée de justice, — et dont il faut par conséquent que nous cherchions l'origine au-dessus des choses visibles et au-dessus de nous. Si nous avons conscience de cette idée, si nous la sentons inévitablement s'éveiller en nous au contact de faits qui ne la recèlent point par eux-mêmes, et dans lesquels elle ne peut apparaître qu'à la condition que nous ayons un œil fait pour l'y découvrir, c'est que nous la portons en nous, c'est que nous l'avons reçue de quelque part et elle ne serait pas en nous si nous ne l'avions pas reçue d'ailleurs ! (*Applaudissements.*)

Messieurs, il y a bien longtemps que cette idée d'une pensée supérieure, d'une sorte d'âme des choses, apparut dans les écrits et dans l'esprit des hommes.

Je n'abuserai pas des citations ; mais laissez-moi vous rappeler le demi-vers du poète latin, que bien des personnes ici ont présent à la mémoire : « *Mens agitat molem.* » « Il y a une pensée qui gouverne la matière. »

Je ne vous citerai pas Cicéron montrant le merveilleux agencement de l'organisme humain, des yeux et de l'oreille notamment, et traçant des merveilles de l'arrangement de ce monde et de l'assemblage des organes du corps humain un tableau que Fénelon, dans son *Traité de l'existence de Dieu*, a fait passer presque littéralement dans notre langue.

Mais je vous citerai une anecdote, qui n'est que la reproduction sous une forme piquante de l'apostrophe de saint Paul aux hommes de son temps : « Vous êtes coupables, quoique vous n'ayez pas eu de révélation spéciale de la loi de Dieu et des exigences de sa justice, car vous aviez la nature, et la nature devait vous suffire pour vous montrer qu'il y a des lois supérieures à la matière. »

Au siècle dernier on aimait assez, vous le savez, à disserter sur les questions philosophiques ou religieuses. Des discussions avaient lieu dans lesquelles on nommait un avocat du bon Dieu et un avocat du diable. Un jour l'abbé Galliani, Napolitain en résidence à Paris, où il vivait dans le commerce des beaux esprits du temps, fut chargé dans un salon du rôle de l'avocat du bon Dieu, et voici comment il s'en tira : « Un jour dans mon pays, dit-il, je vis un jongleur qui, tenant en main un cornet et des dés, pariait qu'il amènerait rafle de 6. Il jette ses dés, et il amène en effet rafle de 6.

Bon. me dis-je, le hasard peut faire de ces coups. Il recommence et une seconde fois fait râfle de 6. Je trouve que c'est bien fort. mais enfin à la rigueur cela peut arriver. Il continue et toujours même résultat. A la cinquième, ou sixième fois, je n'y tiens plus et je lui crie : « Mon ami, tes dés sont pipés ! » Je les prends : ils l'étaient. — Eh bien ! quand je vois comment la nature est construite, quand je vois quelles lois président à ses mouvements, je dis: « La nature est pipée ! » (*Sourires.*)

Et voilà tout ce que l'abbé Galliani crut nécessaire de répondre à tous les beaux raisonnements de son adversaire. C'est à peu près de la même façon que s'y prenait cet autre personnage que vous connaissez. que tout le monde connaît, qu'on a beaucoup trop, et bien à tort, l'habitude de représenter comme un homme sans religion. comme un athée ou un matérialiste, car je ne connais personne qui ait pourfendu avec plus d'énergie et de talent les athées et les matérialistes que ce prétendu athée, Voltaire. Je ne prétends pas certes qu'il soit à l'abri de tous reproches : il en mérite de graves ; et je comprends qu'à bien des égards les théologiens chrétiens et même les simples moralistes lui aient gardé rancune. Mais sur ces points essentiels : l'existence de Dieu, l'immortalité de l'âme, l'universelle harmonie de l'Univers, il était intraitable. Tout le monde sait comment entendant un jour amonceler objections sur objections, et peut-être blasphèmes sur blasphèmes, à propos de l'existence de Dieu, il se tourna tout à coup vers l'horloge, qui se trouvait dans la salle, et sans s'adresser autrement aux assistants se borna à murmurer à mi-voix :

« Pour moi plus je médite et moins je puis songer
« Que cette horloge existe et n'ait pas d'horloger. »

Voilà qui est net, mais Voltaire ne s'en est pas tenu à cette boutade. Il a traité la question directement, et de la façon la plus sérieuse : et si le temps me permettait plus de développements, je pourrais citer des articles entiers du *Dictionnaire philosophique*, notamment l'article *Athéisme* et l'article *Existence de Dieu*, qui sont peut-être ce qui a jamais été écrit de plus fort et de plus élevé sur ce sujet. Je me bornerai à la page que voici, extraite d'un conte intitulé *Micromégas* :

« Je méditais cette nuit ; j'étais absorbé dans la contemplation de la nature. J'admirais l'immensité, le cours, les rapports de ces globes infinis que le vulgaire ne sait pas admirer : j'admirais encore plus l'intelligence qui préside à ces vastes ressorts. Je me disais : il faut être aveugle pour ne pas être ébloui de ce spectacle ; il faut être stupide pour n'en pas reconnaitre l'auteur ; il faut être fou pour ne pas l'adorer. Quel tribut d'adoration dois-je lui rendre? Ce tribut ne doit-il pas être le même dans toute l'étendue de l'espace, puisque c'est le même pouvoir suprème qui règne également dans toute cette étendue? Un être pensant qui habite dans une étoile de la Voie lactée ne doit-il pas le même hommage que l'être pensant sur ce petit globe où nous sommes? La lumière est uniforme pour l'astre de Sirius et pour nous, la morale doit être uniforme. Si un animal pensant et sentant dans Sirius est né d'un père et d'une mère tendres, qui aient été occupés de son bonheur, il leur doit autant d'amour et de soins que nous en devons ici-bas à nos parents. Si quelqu'un, dans la Voie lactée, voit un indigent estropié ; s'il peut le soulager et s'il ne le fait pas, il est coupable envers tous les globes. Le cœur a partout les mêmes devoirs, sur les marches du trône de Dieu,

s'il a un trône, et dans le fond de l'abime,
s'il est un abime. »

Voilà, Messieurs, ce que disait, ce que
pensait cet incrédule de Voltaire ! Voilà
comment il trouvait dans la contemplation
de la nature la preuve, la démonstration de
l'existence de cette force supérieure que,
encore une fois, nous ne pouvons pas voir,
qui ne nous atteint ici-bas que par ses manifestations, mais qui pour ceux qui ne sont
point aveugles se fait apercevoir et se fait
sentir dans ses effets.

Franklin, lui aussi, était de l'avis de Voltaire. Sa piété était sincère, mais très libre: et
il a formulé contre l'intolérance des critiques
très vives. Il a écrit notamment sous ce titre :
La porte du Paradis, une page assez hardie.
C'est le songe que fait, à son lit de mort, un
vieil officier homme de bien, qui arrivant à
cette porte, entend saint Pierre demander
successivement à chacun des survenants de
quelle religion il est, et suivant la réponse,
les fait placer parmi les catholiques, les
anglicans ou les quakers. Quant à lui,
quand vient son tour il est bien embarrassé
pour répondre, car, « hélas ! dit-il, le pauvre
Jacques Montrésor n'a jamais pensé à savoir
de quelle religion il était ! » Et saint Pierre

lui répond : « C'est dommage, car je ne sais
où vous placer, mais entrez toujours et
vous vous mettrez où vous pourrez. » (*Sourires.*)

Voilà comment ce Francklin entendait
l'extérieur de la religion, mais il ne plaisan-
tait pas sur le fond : adorer Dieu, pour lui,
était un devoir : il professait que nous sommes des esprits auxquels des corps ont été
prêtés : et on connait son épitaphe dans laquelle, faisant allusion à son métier d'im-
primeur, il affirme qu'il reparaitra dans une
nouvelle édition revue et corrigée par
l'Auteur. (*Nouveaux sourires.*)

Eh bien ! Franklin, quand il vint à Paris,
présenta son petit-fils à Voltaire, et voulut
le faire bénir par le vieillard, pensant appa-
remment, comme le devait dire plus tard
le Pape Pie VI à un homme qui se dérobait
pour échapper à sa bénédiction : « que la
bénédiction d'un vieillard ne peut jamais
faire de mal ! » Et Voltaire, en étendant
la main sur la tête de l'enfant, ne dit que
trois mots qui sont le titre même de cette
conférence : « *God and liberty !* — Dieu et
liberté ! » Ces mots, pour lui, disaient tout
et étaient inséparables.

Vous citerai-je encore, dans le même

ordre d'idées, un personnage très illustre de ce siècle, Victor Hugo? Voici une anecdote que m'a racontée un jour le philosophe éminent, auteur du *Devoir* et de la *Religion naturelle*, le spiritualiste ardent et convaincu, quoique très libre esprit, que vous aviez espéré entendre ce soir.

C'était à Bruxelles, pendant l'exil de Victor Hugo. Des jeunes gens, — jeunes jusqu'à un certain point! (c'étaient peut-être des étudiants de quinzième année) — avaient été expulsés de France pour avoir rédigé je ne sais quel journal dans lequel la revendication de la liberté s'était affirmée avec peu de prudence et peut-être avec peu de mesure : ils s'étaient retirés à Bruxelles, où ils avaient recommencé leurs attaques très violentes contre le gouvernement qui régnait alors en France. Des mesures furent prises pour les y poursuivre et les obliger à quitter la Belgique. Ces jeunes gens se présentent un jour chez Victor Hugo. « Maître, lui disent-ils, nous venons prendre congé de vous, avant de partir pour l'exil de notre exil. » Victor Hugo ne dit rien, il s'incline avec bienveillance. « Oui, ajoutent-ils, nous avons fait la guerre aux rois d'ici-bas : nous allons maintenant faire la guerre au roi d'en haut ! » — Cette fois Victor Hugo s'émeut : « Que voulez-vous dire ? » demande-t-il en fronçant le sourcil. — « Nous disons que nous allons faire la guerre à Dieu, après l'avoir faite aux rois et aux empereurs. » — « Quel âge avez-vous, mes amis ? » reprend alors le poète, avec plus de bonhomie. Je ne sais pas trop quel âge ils se donnèrent au juste, mais ils se maintinrent au-dessous de la trentaine. Et Victor Hugo les prenant au mot : « Ah ! à cet âge, dit-il, il y a de la ressource, vous pouvez guérir ! On peut encore vous donner la main. »

Ainsi pour ce puissant esprit, qui a eu ses variations et ses faiblesses (ce n'est pas le moment de les lui reprocher), mais qui a toujours gardé une foi profonde dans l'existence d'une puissance supérieure, nier cette puissance ne pouvait être que le fait d'une maladie ou d'une légèreté que l'âge seule rendait excusable. Et s'il trouvait pour l'exprimer une forme moins dure que Voltaire, sa condamnation n'était pas au fond moins rigoureuse.

J'invoquerai tout à l'heure dans le même sens la science, cette science au nom de laquelle on a cru pouvoir déclarer qu'il n'y a rien au-dessus de la matière, au nom de laquelle on a cru pouvoir affirmer que la force morale supérieure n'existe point, au nom de laquelle, — parce qu'on n'a pas vu ce qu'il advient de nous et du souffle qui anime notre corps, lorsque ce corps vient à se dissoudre, — on a cru pouvoir nier l'existence de tout ce qui n'est point saisi par les sens. Je montrerai qu'au nom de cette science même, nous avons le droit d'affirmer l'impossibilité de la non-existence de la cause première sans laquelle les choses n'existeraient pas, et de dire : « Puisque rien ne disparaît, puisque rien ne périt, puisque la science ne peut pas arriver à constater la destruction de la moindre molécule de la matière, elle est encore bien moins en droit d'affirmer que cette force, qui donne la vie à tous nos organes, peut périr. » En effet, puisque rien ne périt de ce que nous voyons, pourquoi voulez-vous que ce que nous ne voyons pas, mais que nous sentons en nous-mêmes, périsse ! Si la science était logique, elle dirait : « Rien ne disparaît ici-bas : le souffle moral qui nous anime, — qu'on l'appelle du nom que l'on voudra ! — le souffle intérieur, la force intérieure sans laquelle il n'y aurait qu'un amas de matière inerte, ne peut pas disparaître davantage. »

Mais je reviendrai tout à l'heure sur ce point, et ce sera ma conclusion.

Messieurs, il faut s'en rendre bien compte : quelle est la conséquence pour nous, pour notre liberté personnelle, pour la liberté publique, pour la liberté civile, pour la liberté politique, pour le respect de nous-mêmes et pour le respect de nos semblables, pour notre action et notre énergie, en un mot pour la prospérité et la moralité individuelles de même que pour la prospérité et la moralité sociales, quelle est la conséquence des deux doctrines inverses que j'ai mises en présence : la doctrine qui nie et la doctrine qui affirme ?

Quoi ! rien ne subsisterait, de rien ni de personne ! Quoi ! tout serait, comme on l'a dit, le rêve d'une ombre, le passage d'une chimère ! Et vous croyez que dans cette existence à la fois si petite et si grande, dans cette existence si tourmentée, si laborieuse, si difficile aussi bien dans la prospérité que dans l'adversité, cela suffirait pour nous donner la satisfaction ou tout au moins le support de nous-mêmes, dont nous avons tant besoin, en même temps que vis-à-vis des autres le sentiment du devoir, c'est-à-dire le sentiment de leur droit ! Vous croyez que cela suffirait pour nous donner en face des difficultés l'énergie, l'activité, l'effort persévérant, et dans les calamités la résignation et le courage !

Les uns disent : Rien ne subsiste ! Rien du bien que nous avons essayé de faire ! Rien des progrès de la science et des progrès de la politique, que nous échafaudons et qui, un jour ou l'autre, disparaîtront comme des châteaux de cartes, sans rien laisser pour personne ! Rien de ceux que nous avons aimés ! Rien de ceux qui ont été quelquefois la meilleure partie de notre existence ! Rien de ceux pour qui nous avons travaillé et peiné ! Rien des amours d'hier et des espérances de demain ! Rien des ambitions satisfaites et des ambitions déçues ! Rien de rien, encore une fois !

Les autres, au contraire, ont foi dans la vie et, comme je le disais il y a un instant, ils affirment que si rien ne se perd dans le monde physique, de même et à plus forte raison rien ne se perd dans le monde moral. Ils estiment qu'il n'y a pas une pensée, pas un effort, pas une idée jetée dans le monde, qui, comme la pierre jetée dans l'eau, ne fasse son chemin d'une façon plus ou moins apparente, et ne compte pour quelque chose dans ce vaste univers que Voltaire nous montrait tout à l'heure. A leurs yeux il n'y a pas un être qui passe pour jamais.Il n'y a pas un acte qui soit indifférent, pas une volonté,pas un désir qui ne pèse,pour si peu que ce soit, dans l'équilibre de ce vaste ensemble dont notre monde est un des rouages. Chacun tour à tour, qu'il le sache ou non,apporte non seulement pour l'heure présente, mais pour la suite des siècles,par l'incessante et éternelle action des conséquences, son poids petit ou grand dans l'un de ces plateaux de la balance du bien ou du mal, dont les alternatives constituent la grande lutte de l'humanité, le grand combat de la vie personnelle et de la vie collective. Chacun peut accélérer ou retarder cette marche en avant qui s'appelle le progrès, et qui sans doute n'est point fatale, puisque nous sommes libres, qui a, à certaines heures, ses ralentissements ou ses retours en arrière,mais qui est le but final de l'humanité et l'accomplissement de ses destinées.

Quelle différence, je vous le demande, entre ces deux manières de concevoir l'existence !

Pour les premiers l'homme n'est en quelque sorte qu'un écureuil tournant indéfiniment dans sa cage sans avancer, qu'un esclave attelé à une lourde meule qui ne moud rien. Pour les seconds, il est un ouvrier qui vient à son rang, — tard ou de bonne heure, fort ou faible, intelligent ou peu intelligent, — mais qui, tel qu'il est, a sa tâche à remplir, et se rendant compte de son rôle ici-bas, s'associe par la pensée, non seulement à la marche de ce petit monde où il se trouve placé, mais à celle de ce grand infini auquel préside la même souveraine intelligence et la même souveraine volonté. (*Applaudissements.*)

Ah! messieurs, le monde et la vie prennent un aspect tout différent suivant qu'on les envisage de cette façon ou de l'autre!

Permettez-moi de vous citer à ce propos cette page de mon maître regretté, Ed. Laboulaye:

« Toute la vie prend un autre caractère quand on sait qu'à chaque pas, si on laisse derrière soi quelques jours écoulés, on avance dans le chemin de la vertu et de la vérité. Loin de maudire la vie, je la bénirais, et je dirais: Enfant, toi qui viens au monde entouré des caresses et de l'amour de ta mère, bénis le Ciel qui t'a fait naître dans un siècle qui laisse derrière lui tant de siècles écoulés. Tu y trouveras non seulement une instruction meilleure, mais une société qui, mère elle-même, soutiendra tes premiers pas. Et toi, jeune homme, marche en avant sans crainte. Tu rencontreras, comme tous les jeunes gens, ce double sentier que trouva Hercule et où voulaient l'entraîner, d'un côté la Vertu, de l'autre la Volupté. Tu peux choisir entre les passions égoïstes, qui te sépareront du reste des hommes ; et ce chemin de la vertu, qui n'est autre chose que le chemin de l'amitié, de l'affection et du dévoûment. Marche, jeune homme, si humble que tu sois, tu peux être utile à la patrie, aux hommes qui ont besoin de sentir une main amie qui serre la leur et un cœur qui batte à l'unisson. Et toi, homme fait, qui es en possession de ta force, de ton esprit, n'y a-t-il pas des misères à secourir, de l'instruction à répandre ? Tu es riche, tu es heureux, tu as une réputation faite : profite de cette réputation, use de cette richesse : que ta main soit ouverte, que ton cœur le soit aussi. Il y a des libertés à défendre et des frères qui sont prêts à s'associer à toi. C'est la patrie qui t'appelle :

écoute la voix de la patrie. C'est la vérité
qui t'implore : réponds à la voix de la vérité. Marche en avant, ne t'inquiète pas de
l'avenir. »

« Et le vieillard, dira-t-on ? (J'achève,
messieurs, la belle citation de Laboulaye).
Il est arrivé au bord de l'abime, nous voici
à l'inévitable et triste fin de la comédie.
Eh bien ! la vieillesse, je puis peut-être en
parler en connaissance de cause ; je tou-
che à l'âge où, comme le dit Bossuet, on
sent déjà l'ombre de la mort : je n'ai plus
rien à craindre ni à espérer du monde : on
ne me rendra ni ma jeunesse évanouie, ni
les amis que j'ai perdus, ni tant de braves
compagnons tombés le long du chemin.
Et cependant j'ai le cœur rempli d'espé-
rance. Il ne se passe pas un jour où je ne
puisse encore être utile. Si aujourd'hui j'ai
éveillé en vous une passion noble, ravivé
l'amour de la patrie et de la liberté, ai-je
perdu ma journée ? Qu'importe que je sois
vieux, c'est un compte que j'ai à régler avec
Dieu ; en attendant, servons les hommes.
Et quand viendra le dernier moment,
j'éprouverai ce que j'ai senti tant de fois
dans ces belles nuits d'automne où le ciel
est parsemé de mondes infinis. Non ! la vie

est partout, et il est impossible que Dieu, comme un ouvrier malhabile, laisse la raison de l'homme s'élever et se fortifier, pour la détruire au moment où elle arrive à toute sa grandeur. Non ! j'ai la confiance qu'il y a, par delà ce monde, un progrès infini de liberté, de vérité et d'amour. Non ! je dirai, plein de foi : « Mon Dieu, je m'abandonne à tes mains paternelles, tu ne m'as pas soutenu à travers tant d'orages, tu ne m'as pas donné la soif de la vérité, l'amour de la lumière, pour me tromper au moment suprême et me noyer au port. » Tel est, messieurs, cet admirable morceau ; telle est l'influence de ce rayon d'en haut qui illumine les obscurités de la vie présente.

Messieurs, voulez-vous que nous nous arrêtions un instant sur ces considérations, et que nous examinions rapidement, pendant les instants qui nous restent, encore un peu plus en détail, ces différents aspects que j'indiquais tout à l'heure, et l'influence des doctrines contraires, sur notre conduite, sur notre personne, sur notre moralité, sur nos rapports avec nos semblables, sur nos sentiments, sur nos consolations, sur le respect de nous-mêmes et le respect que nous devons avoir pour ceux qui nous entourent ?

Et d'abord la conscience, la conduite de notre propre vie. — Oh ! je le sais,il y a des hommes qui ont le malheur de ne pas pouvoir partager les espérances, la confiance, les croyances qui nous paraissent, à beaucoup de nous,nécessaires dans cette vie : qui ne voient pas cet au-delà, cet au-dessus, ce but vers lequel doit nous conduire cette existence,et qui n'en sont pas moins quelquefois des hommes admirables.

On a dit de Littré que c'était un saint laïque,on a même dit,mais on a eu tort,que c'était un saint athée. Littré s'abstenait, il ne niait pas. Il disait : « Voilà ce que je vois, voilà ce que je sais, ce que j'affirme ; et voilà ce que je ne sais pas : je n'en dis rien. » C'était un domaine réservé,à la porte duquel il s'arrêtait, mais sans blasphème, plutôt même avec respect.

M. Schœlcher, plus affirmatif peut-être, a fait un jour devant le Sénat sa profession d'incroyances; mais il l'a faite avec une convenance et une tolérance véritablement admirables. Il a dit : « Que voulez-vous ? On ne croit pas ce que l'on veut mais ce que l'on peut. J'ai été élevé par une mère profondément religieuse et chrétienne; j'ai été entouré d'influences du même genre ; j'ai fait ce que j'ai pu pour partager les sentiments que l'on tâchait de m'inculquer, et rester en communion avec ceux que j'aimais : je n'y ai pas réussi. Mais je sais ce que peuvent valoir ceux qui pensent autrement que moi, et je les respecte. »

A mon tour je respecte des incroyants de cette sorte, et je reconnais qu'il y a des hommes qui, sans rien emprunter aux enseignements des Eglises diverses, ou sans se rendre compte (ce qui serait peut-être plus exact), de ce qu'ils ont reçu indirectement de l'influence morale de ces enseignements, sont arrivés à se faire à eux-mêmes une philosophie, une règle de conduite personnelle des plus austères et des plus rigoureuses.

Il y a eu, dans l'antiquité, de ces sceptiques qui ont laissé un juste renom de dignité et de vertu. Il ne sert de rien de méconnaître les faits, et on ne fortifie pas une cause en essayant de contester les quelques exceptions qui peuvent être invoquées à l'appui de la cause contraire. Mais, je le répète, ce sont des exceptions. Et l'on ne saurait prétendre que cette morale, sans sanction et sans point d'appui, suffise à l'ensemble de l'humanité.

Descendons au fond de nous-mêmes : est-ce que nous ne sentons pas que notre faiblesse ne se suffit pas à elle-même? Est-ce que nous ne savons pas que la voix d'un ami, la voix d'une femme, la voix ou la pensée seulement d'une vieille mère que notre conduite pourrait réjouir ou contrister, peut changer suivant les cas toute notre manière d'être, nous donner des forces que nous n'aurions pas par nous-mêmes et nous élever en quelque sorte au-dessus de notre propre nature? Et la pensée qu'il y a au-dessus de nous un regard auquel rien n'échappe et une justice avec laquelle tout doit compter ; — la pensée que quelque part, je ne sais où ni sous quelle forme, se réalisera ce que Bourdaloue appelait le jour de la manifestation, et ce qu'avant lui, dans une des hymnes de l'Eglise catholique, la naïve piété du moyen âge faisait déjà chanter aux offices des morts : « Tout ce qui est caché ici-bas sera découvert, et rien ne demeurera sans rétribution.

Quidquid latet apparebit,
Nil inultum remanebit » ;

— cette pensée, présente à l'esprit et au

cœur de l'homme,serait sans action et sans influence sur sa conduite ? Il serait indifférent qu'il se crût dans son indépendance sans autre juge et sans autre témoin que lui-même; ou qu'il entrevit au-dessus de lui, suivant la parole de l'Apôtre, cette innombrable armée de prédécesseurs et de témoins au milieu desquels il s'attend à comparaitre à son tour !

Si nous avons besoin de cette pensée pour nous pousser,comme un aiguillon,dans la voie parfois si difficile du bien à faire et du devoir à accomplir, pour nous retenir, comme un frein,sur cette pente glissante du mal où trop souvent nous sommes comme entrainés par notre propre poids, combien encore n'est-elle pas nécessaire pour nous fortifier dans les épreuves, pour nous consoler dans les afflictions, pour nous rendre, aux heures amères des injustices sans compensations, aux heures cruelles des séparations et des déchirements sans remèdes, le courage et ce qu'on pourrait appeler le goût de la vie ? Nous voyons, à travers ce fond d'ordre dont nous avons le sentiment et le besoin, survenir des désordres passagers. Nous sommes, au mépris de ce besoin de justice que nous portons en nous, spec-

tateurs ou victimes d'injustices dont la réparation ne saurait être espérée ici-bas. Il
faut, sous peine d'en être écrasés, sous peine
de renoncer à cette notion même de la justice et de nous écrier, comme Brutus après
la victoire de César: « Vertu, tu n'es qu'un
nom! » que nous en puissions appeler à
une Justice infaillible et souveraine qui
brille comme le soleil au-dessus du nuage
qui la cache à nos regards. Nous pouvons
être ici-bas déçus dans nos espérances: nous
pouvons voir tous nos efforts en apparence
inutiles, notre bonne volonté méconnue: nous
pouvons être livrés à la calomnie et à l'op-
probre immérités : mais nous savons que
c'est une souffrance d'un jour à laquelle
succédera, si nous la supportons comme elle
doit être supportée, si nous ne désespérons
pas du triomphe définitif du bien, une ère de
réparation qui remettra toutes choses à leur
place. Et, en attendant, nous versons avec
confiance dans le sein de ce juge infaillible,
de ce père que nous ne voyons pas, mais que
nous verrons peut-être plus tard, nos cha-
grins, nos désespoirs, nos larmes, en le re-
merciant comme des enfants reconnaissants
de ce qui s'y mêle par moment de joies et
de félicité.

Et cela est si vrai que le plus incrédule, en présence des grands maux, des calamités, des injustices de ce monde, ne trouve rien de plus fort à dire que ces mots : « S'il y avait un Dieu, est-ce que cela pourrait se passer ainsi ? » Mais ce cri lui-même n'est qu'un appel à une justice qu'il suppose ; il est la proclamation de la nécessité de l'existence de cet Etre supérieur, dans lequel se réalise cette idée de justice qui s'impose à ceux-là mêmes qui prétendent le nier.

D'autre part, Messieurs, à un point de vue plus restreint, mais plus intime, au point de vue de ces douloureuses séparations dont aucune existence n'est exempte, est-ce que c'est la même chose de penser que ces séparations sont sans retour et que les êtres que nous avons aimés sont anéantis à jamais; ou de se dire, comme l'exprime avec une admirable poésie une prière de l'une des Églises chrétiennes, que pour les enfants de celui qui n'est point le Dieu des morts, mais le Dieu des vivants, la vie ne se perd point, mais se transforme, et qu'en quittant l'habitation d'un jour qu'ils ont traversée ici-bas, ils vont occuper ailleurs une demeure qui ne leur sera plus enlevée? Est-ce que c'est la même chose, et n'avait-il pas raison, notre grand Lamartine, lorsqu'il s'écriait dans un de ses plus admirables élans :

« Qui peut douter sur un tombeau? »

Et si nous parlons de l'action, est-ce que c'est la même chose de dire avec l'auteur de l'Ecclésiaste, un grand sceptique à certaines heures (j'en demande pardon à ceux qui ont mis son livre parmi les livres saints) : « Vanité des vanités, tout est vanité » : ou de dire au contraire, avec la parabole qui nous montre cette terre comme le champ où se sème la moisson de l'éternité, que cette vie n'est qu'un passage et une préparation; que nous sommes des ouvriers d'une œuvre éternelle, des rouages intelligents d'un grand mécanisme, dont nous ne pouvons point embrasser la marche entière, mais dans lequel, si petits, si humbles, si misérables que nous nous sentions, nous avons notre place et notre utilité, comme l'a ce modeste pignon, cette petite vis cachée loin des regards dans quelque coin d'une de nos grandes machines, et sans laquelle tout ce vaste appareil ne fonctionnerait pas !

Voyez en effet, Messieurs, cet immense assemblage, ces grands arbres de couche, ces courroies, ces métiers, ces marteaux, ces navettes qui font sous nos yeux leur ardente besogne! Tout à coup les voilà qui s'arrêtent, qui se dérangent, qui se brisent; qu'est-il arrivé? Quelque part, je ne sais où, une pièce de rien, grosse comme la moitié de l'ongle du petit doigt, est venue à manquer, et tout a été désorganisé! Elle avait donc son utilité, cette petite pièce! Et elle aurait le droit, elle aussi, si elle pouvait se rendre compte de la place qu'elle occupe, du rôle qu'elle joue, de se compter pour quelque chose et de se regarder avec quelque complaisance. Voyez encore ces pierres obscurément enfouies dans les fondations d'un édifice, que ne voient point les pierres d'en haut toutes resplendissantes sous les feux du soleil : si elles n'étaient pas là pour soutenir le poids de la masse qui monte vers le ciel, tout tomberait sur le sol et il ne resterait plus rien de ces magnificences d'en haut.

Il en est de même de nous dans l'ensemble de la société, dans l'ensemble du monde peut-être; et le moindre des hommes, s'il s'en rend compte, comprend que si petit,

si infime qu'il semble, au milieu de
cette foule qui ne le connaît pas, il a sa
dignité, sa grandeur et sa responsabilité.
Il peut se dire : « J'ai le droit de relever la
tête même en face des plus grands de ce
monde, parce que je suis leur égal au moins
en un point : j'ai une âme immortelle et
libre comme eux. » Devant l'infinie distance
qui nous sépare du maître commun dont
nous sommes également les serviteurs, les
différences qui nous distinguent les uns des
autres disparaissent, et nous pouvons, dans
le double sentiment de notre faiblesse et de
notre grandeur, nous appliquer ces vers de
Lamartine :

> Aux regards de celui qui fit l'immensité
> L'insecte vaut un monde, ils ont autant coûté.

Qu'ont-ils à substituer, ces amants de la
matière, ces apôtres du néant, à ce sentiment
d'une personnalité irréductible, égale par
sa durée, comme par son essence, aux autres personnalités qui l'entourent ; et sur
quelles bases, à défaut de celle-là, préten-
dent-ils donc fonder le respect d'eux-mêmes
et des autres, la résistance à l'oppression,
la modération des appétits et des convoi-

tises, la justice, le droit, la liberté en un mot et le devoir sans lequel il n'y a pas de liberté ? Comment, vous viendrez me dire que vous n'êtes et que je ne suis qu'un assemblage passager d'éléments purement matériels, associés par je ne sais quel hasard, pour quelques courts instants ; de la boue momentanément animée par je ne sais quelle force, qui n'est elle-même qu'un accident fortuit ; que non seulement les éléments extérieurs de mon corps, mais ce souffle intérieur qui les anime et qui constitue ma personne, va s'évanouir sans retour ! Vous me direz qu'il n'y a ici-bas qu'actions chimiques, physiques ou mécaniques ; que le cerveau sécrète la pensée, sans en avoir pour ainsi dire conscience ; que la volonté n'est pas l'exercice d'une puissance qui se possède, mais le résultat fatal d'impulsions qui ne se commandent point ; et que nous ne sommes que des machines dont le moteur n'obéit à aucune direction ! Vous me direz cela et vous prétendrez que je vous respecte ; et vous me ferez croire que vous me respecterez !

Matière, agrégat aveugle de matière ? Eh bien, soit ! mais si un désir, une cupidité, une ambition me poussent à vous passer, comme on dit vulgairement, sur le corps : si, lorsque vous me gênerez, lorsque je trouverai devant moi ce morceau de chair qui s'appelle un homme, je l'écarte ou je le foule aux pieds, comme je le fais de la pierre qui se trouve sur mon chemin ou de l'obstacle qui me barre le passage ; ne vous plaignez pas et ne criez pas à l'oppression ; ne parlez pas de droits méconnus ou d'humanité violée. La matière n'a point de droits, et l'humanité n'a rien à voir avec le hasard de ses combinaisons.

Quoi ! votre ambition, vos désirs, vos convoitises sont opposés aux miens ! Et bien, il n'y a qu'une chose à savoir : si mes convoitises, mes ambitions ou mes désirs sont plus énergiques que les vôtres ; si ma force est plus puissante que votre force, mon poing plus lourd que le vôtre ou mon bras mieux armé. La force prime le droit, dit-on, avec vous elle ne le prime pas seulement, elle le supprime.

Vous avez fait disparaître la seule chose qui puisse expliquer l'idée du droit, cette résistance morale qui ne vient pas de la matière, ce signe supérieur qui nous marquait d'un caractère d'inviolabilité et inspirait à un poète, en présence des horreurs

de nos luttes et de nos guerres, ce cri subli-
me :

N'y touchez pas, arrière : un homme, c'est sacré !

Il n'y a plus rien entre nous, comme
rien au-dessus de nous. Tout, pour parler
comme Bossuet, est en proie ; et le monde
n'est plus qu'une arène impitoyable, dans
laquelle des bêtes féroces, qui s'appellent
des hommes, combattent contre d'autres
bêtes féroces de même forme et de même
nom, en armant leurs violences et leurs hai-
nes de moyens de destruction que jamais
les autres espèces d'animaux n'ont été capa-
bles d'avoir à leur disposition. Voilà ce que
vous faites de la liberté humaine ! je dis de
la liberté sous toutes ses formes, soit civile,
soit politique. (*Applaudissements.*)

Mais c'est la morale d'un Mathan, disant
au nom de la raison d'État :

Qu'importe qu'au hasard un sang vil soit versé ?

— celle d'un Condé prononçant sur le champ
de bataille de Senef ces paroles cyniques
que je ne me permettrai pas de rappeler
ici ; — celle d'un Napoléon un moment trou-
blé après Eylau par la vue du sang qui
fait tache sur les habits blancs, mais ras-

surant sa conscience en faisant changer la couleur des uniformes, et disant quelques années plus tard à M. de Metternich, qui lui représente, qu'il va s'exposer à sacrifier 200.000 hommes : « Je me moque bien de 200.000 hommes ! On voit que vous n'avez pas l'esprit militaire ! »

C'est, dans un autre ordre d'idées, la morale et la politique d'un Marat demandant 50.000 têtes pour faire le bonheur du peuple. ou de tels autres qui. pour faire triompher leurs idées et façonner la société au gré de leur fanatisme, ne craignent pas de réclamer la suppression complète de toute la population adulte, eux exceptés, dans l'espoir chimérique de pétrir à leur guise la pâte molle des générations nouvelles ! (*Longs applaudissements.*)

Quelle différence avec le langage d'un O'Connel, ce grand agitateur de l'Irlande, s'opposant, au risque de sa popularité, à tout recours à la violence, et ne craignant pas de dire à ses compatriotes affolés par la misère, qu'il n'y a pas une réforme qui vaille une goutte de sang innocent ! (*Nouveaux applaudissements.*) Non, Messieurs, personne n'a le droit, pour quelque but que ce soit, de sacrifier un innocent. Ce peut être parfois un devoir de se dévouer, c'est un crime de dévouer les autres.

Quelle différence encore avec le langage d'un Channing, ce grand apôtre de l'émancipation des esclaves et de l'élévation des libres par l'éducation personnelle, disant en face du misérable tout couvert de la fange dans laquelle il est tombé : « Jusque dans cet être immonde qui n'a pour ainsi dire plus face humaine, je salue et je respecte une âme semblable à la mienne ; et au lieu de mettre le pied sur cette mèche qui fume encore, j'éprouve le besoin d'essayer d'en ranimer les dernières étincelles, pour en refaire peut-être la lumière et la chaleur d'un grand foyer ! »

Et, puisque j'ai parlé de Channing, voyez comme sur ce terrain commun du respect mutuel dans la liberté et dans le droit, on peut s'élever jusqu'à ces hauteurs sereines d'où l'on domine, sans les abdiquer, toutes les divergences des opinions et des croyances. Lorsque, au milieu du deuil général, furent célébrées dans Boston les funérailles de ce grand homme de bien, on vit, chose trop rare, se confondre dans un même hommage toutes les classes, toutes les communions. Et au moment où le cortège de cet

unitaire, qui eût été peut-être chez nous exclu
des temples protestants comme en dehors
du symbole officiel, vint à passer devant
l'église de l'évêque de Cheverus, celui qui
fut depuis cardinal et archevêque de Bor-
deaux, les cloches sonnèrent le glas fu-
nèbre : l'évêque, en habits sacerdotaux,
suivi de tout son clergé, s'avança sous le
porche

...« Et du haut des parvis, le prélat catholique
Bénit la foule émue et le saint hérétique. »

Voilà, je le répète, jusqu'où l'on s'élève,
lorsque l'on se rencontre, comme le fai-
saient ces deux grandes âmes, dans le respect commun de la personne humaine, fondé
sur une foi commune dans la personnalité
divine.

Ah ! qu'on nous dise après cela, « que
l'homme est poussière et que la poussière
retourne à la poussière »; nous le savons
bien ; et ce n'est pas d'aujourd'hui, ni
par la bouche de nos modernes apôtres
du matérialisme que nous l'avons appris.
Oui, la poudre retourne à la poudre, nous
le disons comme eux ; mais pour eux, quand
ils ont prononcé cette triste parole, tout est
dit, tandis que nous ajoutons, nous : « et l'es-

prit retourne à l'esprit, de qui il est venu. »

Ainsi d'un côté, Messieurs, nous avons ce que je ne crains pas d'appeler le nihilisme moral, l'impossibilité de croire au progrès : l'homme sans lendemain, entassant au jour le jour efforts sur efforts, systèmes sur systèmes, constructions sur constructions, pour que finalement il n'en reste rien ! Nous voyons des existences tombant les unes derrière les autres, dans un gouffre sans fond ; points perdus non pas, comme le dit Pascal, entre deux infinis, mais entre deux néants ; ne sachant ni d'où elles viennent ni ou elles vont, ou plutôt ne venant de nulle part et n'allant nulle part.

Et de l'autre côté, nous avons une ascension laborieuse mais continue, une marche en avant, à laquelle tous à leur heure viennent prendre part, une chaîne sans fin d'existences qui non seulement se succèdent, mais se tiennent et se soutiennent, et qui, après s'être suivies ici-bas sans toujours se connaître, se retrouveront un jour avec leurs œuvres, les unes en face des autres. C'est le grand mot du poète américain :

Excelsior ! plus haut, toujours plus haut !

C'est la grande idée de Turgot, le progrès,

le progrès naissant de l'effort et justifiant
l'effort. C'est cette pensée, à la fois conso-
lante et féconde, que rien ne se perd : et que
si peu que je fasse, si lent que soit à venir
le résultat de mon travail et de mes peines,
si ma bonne volonté a été réelle, si j'ai eu en
vue la vérité, la justice et le bien commun, je
n'ai point passé en vain, et il restera quelque
chose de moi, pour moi et pour les autres.

Oui, la poudre retourne à la poudre, mais
l'esprit retourne à l'esprit. Et je le dis, Messieurs, en terminant, au nom de la dignité
humaine, au nom de la liberté, au nom de la
conscience, au nom du sentiment du droit,
au nom du sentiment du devoir : je le dis,
ou plutôt je le redis, au nom de la science
elle-même, au nom de cette science contem-
poraine, qui a prétendu détruire et qui, en
fin de compte, travaille à édifier, parce que
la vérité mène toujours à quelque chose
d'utile ; oui, au nom de cette science je répète, en terminant, ces deux affirmations
par lesquelles j'ai commencé : l'existence
de Dieu, l'immortalité de l'âme ; la personne humaine, la personnalité divine, se
soutenant, se complétant, s'expliquant l'une
par l'autre ; l'effet et la cause, la cause et
l'effet.

3.

Et que nous dit-elle donc, cette science qui sur cette tombe à la fin d'une existence laborieuse, utile, féconde et admirable peut-être, proclame que de cette existence il ne reste rien que de l'oxygène, de l'hydrogène, du carbone et de l'azote qui avaient été momentanément associés pour former un corps. et qui se désassocient pour entrer dans d'autres combinaisons ? Elle nous dit que cet oxygène, cet hydrogène, ce carbone, cet azote, ces éléments divers dont nous sommes formés, vont repasser sous des formes variables dans le grand creuset de l'éternelle nature ; mais qu'aucun d'eux, quel qu'il soit, ne peut disparaitre ; et que toute destruction, toute suppression de ce qui est ou de ce qui a été est impossible. Pas un atome de matière ne peut cesser d'exister. La mort, même pour la matière, n'est qu'une apparence ; voilà le dernier mot de la science. Et la force qui anime cette matière, le souffle qui maintient ensemble ces éléments demain laissés à eux-mêmes ; ce quelque chose qui en vous pense, veut, aime, souffre, que vous ne voyez pas, mais que vous sentez que vous êtes, qui vivifie votre corps, mais qui n'est pas votre corps puisqu'il subsiste tout entier

malgré les défaillances, les affaiblissements
et les mutilations de votre corps, qui gran-
dit même par ses diminutions et dont
saint Paul a pu dire : « plus l'extérieur
s'affaiblit et plus l'intérieur se fortifie » ; ce
quelque chose serait anéanti? Mais, ce
serait la contradiction même !

Le grand Leibnitz disait : « Il est impossible de comprendre comment ce qui
a existé pourrait cesser d'exister. » Vous
le démontrez pour ce carbone, pour cet
oxygène, pour ces os, pour ces éléments,
d'un morceau de bois ou de métal. Et
vous ne voyez pas que vous le démontrez à
plus forte raison pour la force qui commande
à tout cela, pour cette intelligence qui vous
permet de sonder les secrets de la nature,
pour cet esprit, pour cette volonté qui nous
font les rois de la création !

Messieurs, permettez-moi ici un souve-
nir : c'était à l'enterrement d'un de mes
maîtres, d'un homme de bien, de M. Horace
Say, le fils de Jean-Baptiste Say et le père
de M. Léon Say. Un vieillard, M. Dunoyer,
au nom de la Société d'Economie Politique
dont il était le président, prononçait sur la
tombe qui allait se fermer quelques paroles
d'adieu. Et voici ce qu'il disait : « Oui, de-

vant cette tombe dans laquelle j'ai déjà un pied et dans laquelle j'entrerai tout entier demain, j'affirme que notre ami est plus vivant à cette heure qu'il ne l'a jamais été ; et pour lui, comme pour moi, je salue cette existence supérieure dans laquelle il vient de passer et vers laquelle nous nous acheminons à sa suite. »

Mais j'en ai dit assez, peut-être trop, à tous ces points de vue : un dernier mot, au point de vue social et politique, au point de vue de la liberté publique et de l'ordre social, de la sécurité sociale, avec lesquels elle se confond. La liberté, Messieurs, ne donne pas seulement des droits, elle impose des devoirs ; et les uns sont en proportion des autres. Toute force pour ne pas s'égarer exige une direction et un frein, et plus nous avons de puissance, plus nous avons besoin de savoir en diriger l'emploi.

C'est une vérité qui n'est pas d'ailleurs d'ordre moral seulement, mais aussi d'ordre matériel ; et l'on peut dire qu'elle éclate aux regards dans tous ces progrès de l'industrie et de la mécanique qui sont l'un des traits caractéristiques de notre âge. Plus l'homme a accru son empire sur la nature, plus il a appris à se servir du feu, de l'eau, de l'électricité, des gaz, et de tous ces merveilleux engins de l'arsenal industriel contemporain; plus il a eu besoin de se rendre, jusque dans les rangs inférieurs de l'atelier, supérieur par l'intelligence, par l'exactitude, par la précision des mouvements, à ces puissances nouvelles, à ces auxiliaires à la fois dociles et redoutables qui n'obéissent qu'à la main qui sait les manier. Et lorsque cette supériorité lui fait défaut, ce ne sont plus des serviteurs qu'il a devant lui, mais des esclaves révoltés.

A plus forte raison en est-il de même dans le domaine social. Lorsque la liberté est donnée à tout le monde ; lorsque tous peuvent intervenir d'une façon plus ou moins énergique dans le règlement et dans la conduite des affaires communes ; lorsque l'ignorant par son ignorance, le brutal par sa brutalité, peuvent non seulement compromettre leur existence et celle de leur entourage, mais troubler la société tout entière, lorsque les moindres actes ont des conséquences incalculables, et que les masses, dépourvues de lumière ou de frein moral, sont comme ces couches profondes dans lesquelles couve, à la merci d'une étincelle, le grisou toujours prêt à faire explosion, ce

n'est plus seulement une question d'ordre
moral. c'est une question d'ordre matériel,
une question d'intérêt et de sécurité publique. d'y maintenir ou d'y réveiller ce sentiment de la règle, de la responsabilité, du
devoir, pour appeler les choses par leur
nom. qui n'a pas de plus ferme appui que la
croyance à une loi supérieure. à une justice
éternelle, à une rémunération infaillible, et
qui, à chacun de nos actes, nous rappelle à la
fois ce que nous nous devons à nous-mêmes.
ce que nous devons à nos semblables, ce que
nous devons au temps et ce que nous devons
à l'éternité. Un peuple qui ne croirait qu'au
présent. qui ne goûterait que les satisfactions de la matière. et qui ne verrait rien au-
dessus de ses appétits et de ses convoitises,
ne serait pas seulement un peuple déchu de
tout ce qui fait la grandeur et l'éclat de la
civilisation ; ce serait, même au point de vue
du bien-être matériel, un peuple voué à la
décadence. Car, ce qu'on appelle le progrès
matériel n'est que le signe et la manifestation extérieure du progrès de l'esprit. Et ce
serait en même temps un peuple voué aux
désordres de l'anarchie et aux hontes de la
servitude, deux choses qui s'appellent inévitablement l'une l'autre et auxquelles on

n'échappe que par la discipline volontaire
et la dignité personnelle. Et c'est pourquoi.
Messieurs, si j'avais le droit de choisir pour
notre démocratie française et pour l'humanité entière une devise, je n'en voudrais
pas d'autre que celle de la bénédiction de
Voltaire. qui a été le titre même de cet entretien et qui en sera la conclusion : DIEU ET
LA LIBERTÉ.

ALLOCUTION DE M. FRANCK

Mesdames et Messieurs,

Je suis arrivé trop tard pour ouvrir cette
séance. Qu'il me soit permis de vous dire,
en ajoutant quelques paroles à la belle conférence que vous venez d'entendre, ce que
je vous aurais dit au début.

Je voulais d'abord vous parler de M. Frédéric Passy. Je voulais aussi vous exprimer
mon opinion sur le sujet de conférence
qu'il a choisi. Vous parler de Frédéric Passy ?
A quoi bon ? Vous le connaissez, tout le monde

le connaît. Sa renommée n'est pas seulement une des plus pures renommées de la France libérale et républicaine, c'est une renommée européenne, et il y a déjà quelque temps que ce beau nom a traversé l'Atlantique ! (*Applaudissements.*)

Frédéric Passy intéresse toujours les hommes qui aiment leur patrie et qui aiment la vérité. Il les intéresse à plus d'un titre : comme homme politique, comme homme de science. Comme homme politique, il a toujours défendu la liberté, dans les bons comme dans les mauvais jours. Il n'a jamais confondu les cris d'une foule ivre, incapable de comprendre le sens de ses propres paroles, avec ce sentiment profond que le cœur humain conserve jusqu'à la fin de son existence, quand il reste fidèle à sa destinée.

Qu'est-ce que le sentiment de la liberté ? Ce n'est pas autre chose que le respect de nous-mêmes et des autres. Quand ce respect manque, on n'aime pas la liberté; on est un tyran toujours prêt à opprimer ceux qui nous approchent ou nous touchent de près. (*Applaudissements.*)

Voilà en quelques mots ce qu'a fait Frédéric Passy, comme homme politique : il est de plus un grand économiste ; il est, en cette qualité, le grand défenseur de **cette** forme de la liberté que l'on appelle le libre-échange, l'opposé de la doctrine qui voudrait en revenir à cette barbarie qui consiste à chasser de nos ateliers quiconque ne serait pas né en France.

Le liberté est une ; quand on la nie en matière économique, on la nie en matière politique. En un mot, la liberté ne peut pas se scinder, messieurs, comme on partage un héritage. (*Applaudissements.*)

Mais ce que le monde ne connaît pas, c'est la force personnelle que M. Passy a mise au service de ses grandes idées ; c'est cette chaleur de l'apôtre, cette chaleur qui propage la lumière et dont vous venez de subir les effets, qui double la puissance de la vérité, parce qu'elle la rend plus communicative.

Je n'ai, à ce propos, qu'à répéter ici ce que j'écrivais il n'y a pas longtemps, à un journaliste italien, au rédacteur du journal *Il Secolö*, qui a fondé une *Société de la Paix* : une telle société est très bien placée en Italie. (*Sourires et approbation marquée.*)

On aura la paix et on rendra hommage à la reconnaissance :

« Monsieur, disais-je à ce journaliste,
« ne vous adressez pas seulement à moi,
« adressez-vous tout d'abord à mon con-
« frère et ami Frédéric Passy, car M. Fré-
« déric Passy n'est pas seulement un dé-
« fenseur de la paix, c'est un apôtre de la
« paix et de toutes les idées généreuses. »

Et pourquoi, dans un temps où tant de gens travaillent à la dissolution de notre pays, ne dirais-je pas que M. Passy doit nous être cher, qu'il m'est cher personnellement, aussi bien à cause du nom qu'il porte, qu'à cause de son propre mérite ?

M. Hippolyte Passy a été un des grands défenseurs de la liberté, une des grandes intelligences qui ont contribué à répandre les saines notions d'économie politique, notions abandonnées dans un certain monde avec autant de légèreté que d'imprudence.

L'oncle et le neveu, comme éclairés par un même rayon, doivent rester unis dans un même sentiment d'amour et de respect.

Dans ce temps-ci, particulièrement. il faut se garder de négliger les liens de la famille. La famille est une des grandes forces de la société. Ceux qui prêchent le libre amour, sous prétexte de liberté, sont de grands malfaiteurs publics. (*Applaudisse-*

ments prolongés.) Ils détruisent une des forces les plus saintes, une des forces les plus augustes, les plus puissantes du corps social. Autrefois on disait : « Noblesse oblige! » Nous pouvons dire simplement : « le nom de notre père, le nom de notre mère, le sang dont nous sommes sortis nous obligent. Ce n'est pas assez de nous honorer nous-mêmes, il faut que nous honorions aussi le sang dont nous sommes sortis et le nom que nous portons. »

Je voulais vous parler aussi du sujet que M. Passy vient de traiter avec tant d'éloquence et dont il m'a laissé peu de choses à dire. Cependant il y a une remarque générale qu'il m'est permis de faire. C'est avec un grand sens et une intelligence profonde de la question qu'il a traitée, que M. Frédéric Passy a uni ces deux idées : l'idée de Dieu et l'idée de la liberté.

Que le nom de Dieu soit affaibli dans les âmes, que l'idée de Dieu soit obscurcie dans nos intelligences, qu'en résulte-t-il? C'est que, il n'y a plus rien de libre dans le monde. Il n'y a rien dans la nature qu'un enchaînement de causes aveugles, rien qu'une fatalité brutale qui nous entraine sans savoir d'où elle vient, ni où elle va, sans nous permettre de savoir nous-mêmes où nous allons. L'idée de la liberté est détruite; le principe de la liberté est éteint dans les esprits et dans les âmes.

Que reste-t-il dans la société?

La société alors est condamnée à flotter entre le despotisme et l'anarchie.

Ou l'on emploiera la force, la violence, pour amener à nous, pour faire vivre à notre guise et plier à nos intérêts ceux qui pensent autrement que nous, ceux qui s'éloignent de nos mœurs et de nos principes. Ce sera le despotisme.

Ou l'on n'admettra plus aucun lien social, aucune règle de discipline, de hiérarchie, d'ordre, de législation. On dira que la société est le champ du hasard, le théâtre d'une lutte sans terme et sans frein. Ce sera l'anarchie.

Est-ce que j'exprime devant vous des hypothèses, des utopies, des chimères, qui n'ont jamais été et ne seront jamais réalisées?

Au moment même où je vous parle, ces deux fléaux, le despotisme et l'anarchie se trouvent sous nos yeux : le despotisme, représenté sous la forme la plus brutale, sous la forme d'un soldat indiscipliné qui n'a jamais rien fait pour personne ; qui n'a jamais sauvé quoi que ce soit ; et l'anarchie représentée par l'esprit révolutionnaire, par la personnification d'une insurrection terrible que nos souvenirs nous font voir les mains encore teintes du sang innocent (*Applaudissements prolongés*), et puant le pétrole avec lequel elle a incendié Paris. (*Nouvelle salve d'applaudissements.*)

Comment en est-on venu à ces choix-là ? Parce que ceux qui les ont faits n'ont aucune idée supérieure à leurs passions, parce qu'ils ne croient pas en Dieu ; et ne croyant pas en Dieu, ils ne croient pas à la liberté et à la patrie. C'est là que l'on se trouve entrainé, lorsqu'on repousse le premier dogme de la raison humaine, le dogme d'après lequel rien ne s'explique sans l'intervention d'une puissance éternelle, d'une cause intelligente et toute-puissante.

Je viens de vous dire ce que devient la nature et ce que l'Etat devient sans l'idée de Dieu. Voyons maintenant ce que devient chacun de nous. Chacun de nous est livré à la souveraineté de ses passions, à la souveraineté de ses appétits, de ses intérêts. Tout est légitime, parce qu'il n'y a pas de loi. Il n'y a pas de loi, parce qu'il n'y a pas de souverain législateur.

On croit remédier à cela lorsqu'on prononce le nom de collectivité, de socialisme. Il y a des esprits assez aveuglés pour s'imaginer que cela répond à tout, et que c'est une forme nouvelle de la charité.

Voulez-vous que je vous dise ce que je pense du socialisme ? Pour moi, le socialisme ne se distingue pas du communisme déjà connu du sauvage.

Et qu'est-ce que le communisme ?

C'est un immense et infect bourbier dans lequel on précipiterait tous les êtres humains dont se compose la société ; on les plongerait à ce point dans ce bourbier qu'il ne leur resterait aucun trait de la nature humaine. La nature humaine ne se reconnaît qu'au principe de la liberté, au respect de la liberté pour elle-même et pour la loi morale dont elle est inséparable.

Dans ce bourbier qu'on appelle la collectivité, il ne reste plus rien que la nature animale. On y voit sous la figure humaine, des animaux qui se disputent une seule chose : la pâture ! Tous veulent être nourris de la même façon ; tous veulent jouir au même degré. Et voilà ce qui doit remplacer pour ces hommes les saintes notions du devoir, du droit, de la liberté, de la charité, la foi dans les choses éternelles.

Je ne voudrais pas vous retenir, après tout ce que vous a dit M. Frédéric Passy et surtout je ne voudrais pas vous le répéter. Je vous dirai donc que de courtes réflexions suffisent peut-être à vous convaincre que la « Ligue contre l'Athéisme » a aujourd'hui sa raison d'être et qu'elle est appelée à rendre quelques services.

Elle ne défend ni un système de philosophie, ni un dogme à part. Elle en appelle à tous ceux qui croient en Dieu, à tous ceux que ont un cœur et une âme, à tous les honnêtes gens et à tous les hommes de bon sens décidés à se défendre contre des tyrans subalternes. qui s'imaginent que le procès est vidé quand ils ont dit dans une assemblée révolutionnaire :

> Dieu. c'est une vieillerie bonne
> A mettre au musée des Antiques.

Je vous engage à nous seconder dès maintenant. Vous trouverez dans notre Société, le dernier manifeste qui résume en quelques mots ce que je viens de vous dire. Nous devons exprimer à M. Frédéric Passy, notre reconnaissance pour la force nouvelle qu'il a prêtée à notre Société. La conférence qu'il a faite aujourd'hui sera pour nous un grand titre à la confiance des hommes de cœur que nous appelons à nous !

(*Applaudissements prolongés.*)

Imp. de la Soc. de Typ.— Noizette, 8, r. Campagne-1re, Paris.

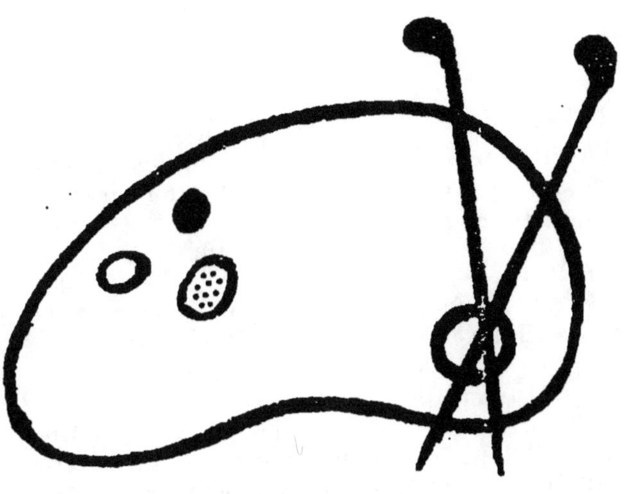

Original en couleur

NF Z 43-120-8

PRINCIPAUX OUVRAGES

de M. Frédéric PASSY

A la librairie H..... : Les machines et leur influence sur le progrès social ; le Petit Poucet du XIX⁰ siècle (Géo[illegible]) ; [illegible] des chemins de [illegible] ; l'Industrie humaine ; la Population Malthus[illegible] ; [illegible] ; la Liberté commerciale ; la monnaie et le [illegible] [illegible] ; la Propriété et l'hérédité, etc., etc. ; la [illegible] tion des [illegible] ; [illegible] conomie industrielle.

A la librairie G[illegible] : Leçons d'économie politique ; Mélanges économiques ; la Propriété intellectuelle ; l'Économie politique en une séance ; l'Enseignement obligatoire ; la Question des octrois ; la Part de la France dans l'Économie politique ; l'Enseignement obligatoire en France ; Édouard Laboulaye ; Frédéric Bastiat ; le Rétablissement des tours ; la Barbarie moderne ; la Liberté individuelle en 1888 ; la Véritable égalité ; la Liberté du travail et les traités de commerce ; Discours parlementaires sur les syndicats professionnels ; le Programme économique du Gouvernement ; les Expéditions lointaines et les crédits pour le Tonkin et Madagascar ; les Modifications aux tarifs des douanes Céréales et bétail ; la Réglementation des heures de travail et la responsabilité des accidents Industriels.

Au siège de la Société Française des Amis de la Paix, 8, rue Saint-Lazare : Discours, rapports et brochures diverses sur la paix et la guerre ; l'Arbitrage international, etc.